8 Mars 1886.

VENTE POUR CAUSE DE DÉPART

DE Mme L. MARTIN

ÉLÉGANT

MOBILIER ARTISTIQUE

SCULPTURES ORIGINALES

PAR

D'EPINAY

<table>
<tr><td>COMMISSAIRE-PRISEUR
Me PAUL CHEVALLIER
10, rue Grange-Batelière, 10.</td><td>EXPERT
M. B. LASQUIN
12, rue Laffitte, 12.</td></tr>
</table>

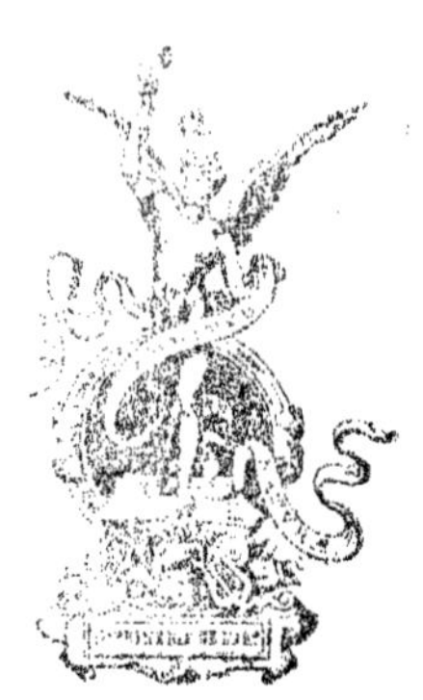

CATALOGUE

D'UN ÉLÉGANT

MOBILIER ARTISTIQUE

DE STYLE RENAISSANCE

PRESQUE NEUF

Belles Tentures et Étoffes anciennes; Salle à manger anglaise
Piano d'Érard

SCULPTURES ORIGINALES PAR D'ÉPINAY

Tableaux et Aquarelles ; Faïences ; Bronzes
Meubles divers; Tapis genre Smyrne

Le tout appartenant à Mme L. Martin

ET DONT LA VENTE AURA LIEU

Pour cause de départ

HOTEL DROUOT, SALLE N° 8

Le Lundi 8 Mars 1886

A DEUX HEURES

M° PAUL CHEVALLIER	M. B. LASQUIN
COMMISSAIRE-PRISEUR	EXPERT
10, rue Grange-Batelière, 10	12, rue Laffitte, 12

Chez lesquels se trouve le Catalogue

EXPOSITION PUBLIQUE : Le Dimanche 7 Mars 1886

DE 1 HEURE A 5 HEURES

DC5417

CONDITIONS DE LA VENTE

Elle sera faite au comptant.

Les acquéreurs payeront en sus des enchères *cinq pour cent,* applicables aux frais.

L'exposition mettant le public à même de se rendre compte de l'état des objets, il ne sera admis aucune réclamation une fois l'adjudication prononcée.

Paris. — Imp. de l'Art. E. Ménard et J. Augry
41, rue de la Victoire, 41

DÉSIGNATION DES OBJETS

SCULPTURES PAR P. D'ÉPINAY

1 -- *Leontina Bella.*

Marbre blanc, œuvre originale.

Magnifique buste de patricienne, représentée de profil à droite, et se détachant en haut-relief dans un médaillon concave à fond doré, au milieu d'une guirlande de fleurs fouillées avec la plus grande délicatesse.

L'encadrement carré est orné de fleurons aux angles, de volutes simulant des arcs avec flèches sur les côtés, d'un cul-de-lampe feuillagé avec cartouche sur lequel on lit : *Doulce comme une agnelle,* et d'un fronton à fleurs et feuillages, surmonté d'une étoile encadrant une figure d'amour endormi.

Sculpture d'une extrême beauté, digne des maîtres de la Renaissance ; elle est destinée à orner une cheminée monumentale.

A figuré au Salon de 1880 sous le n° 6301.

Haut., 1 m. 50 cent.; larg., 1 m. 10 cent.

2 — *Buste de Méduse.*

> Terre cuite originale.
> Cette sculpture est d'une expression sévère et saisissante.

3 — *Le Croquet.*

> Marbre blanc, œuvre originale.
> Charmante statuette d'enfant.

4 — *Le Repos.*

> Terre cuite originale.
> Ravissante statuette de femme nue couchée, tenant un éventail.
> Socle en marbre bleu turquin.

5 — *La Femme au miroir.*

> Terre cuite originale.
> Statuette couchée.

6 — *Le Lever.*

> Terre cuite originale.
> Statuette de jeune femme nue couchée, tenant un miroir.

7 — *Ma Petite Cousine.*

> Terre cuite originale.
> Statuette de jeune fille assise.

8 — *Léda.*

> Terre cuite originale.
> Groupe.

9 — *Les Tourterelles.*

> Terre cuite originale.
> Groupe de deux figures.

10 — *La Diane de Lavane.*

> Terre cuite originale.
> Statuette.

11 — *La Vallée du Lys.*

> Terre cuite originale.
> Buste.

12 — *Luchonnaise.*

> Terre cuite originale.
> Buste.

13 — *Buste de Méduse.*

> Terre cuite originale.
> Souvenir de Luchon, daté de 1878.

14 — *La Maladetta.*

> Œuvre originale.
> Buste en terre cuite.

15 — *Buste d'Alsacienne.*

Terre émaillée.

16 — *Ceinture dorée.*

Statuette en biscuit de Sèvres.
Cette statuette est l'un des deux seuls exem-
plaires qui ont été reproduits en biscuit de
Sèvres.

17 — *Femme de Pompei.*

Terre cuite originale.
Statuette de femme debout tenant une coupe et
une amphore.

18 — *Femme grecque.*

Terre cuite originale.
Statuette de femme debout tenant une cor-
beille.

19 — *Console d'applique.*

Terre cuite originale.
Elle est formé d'une large coquille, supportée
par deux dauphins enroulés, enguirlandés de
fleurs.
Œuvre d'un bel effet décoratif et d'une exécu-
tion vigoureuse.

TABLEAUX — AQUARELLES

HERNANDEZ

(X.)

Rome, 1879.

20 — *L'Enfant à l'Écureuil.*

HERNANDEZ

(X.)

21 — *Jeune Femme feuilletant un album.*

RICARDO V. Y CORDERO

22 — *Femme du Harem apprivoisant des pigeons.*

MONET

(L.)

(Séville, 1882).

23 — *Un Picador.*

Une Manella.

Deux aquarelles.

FORTUNY

(D'après)

24 — *Joueur de guitare.*

Dessin à la plume.

D'ÉPINAY

25 — *Caricature.*

Dessin à la plume.

MOBILIER ARTISTIQUE

ANTICHAMBRE

26 — Grand parement de cheminée de style Renaissance, en bois de noyer et de chêne sculpté. Le bandeau, supporté par deux colonnes cannelées en spirales à chapiteaux, offre sur la face quatre médaillons ronds à têtes d'hommes et de femmes du xvie siècle, sculptées en bas-relief et entourées de guirlandes et de feuillages, des petites colonnettes ornées séparent ces médaillons. Les côtés latéraux sont ornés d'arceaux et de feuilles plissées.

Le corps supérieur est également orné de deux colonnes à chapiteaux supportant un entablement avec fronton, et contient un portrait d'homme en buste de l'école vénitienne du xvie siècle dans un encadrement circulaire à godrons.

27 — Très beau cassone ou coffre de mariage en
bois de noyer sculpté du xvie siècle.

La face est composée d'un motif en haut-
relief, représentant une figure allégorique,
nue et couchée, dans un cartouche formé de
cuirs 'enroulés, terminé par deux animaux
fantastiques. Les montants à ressaut offrent
chacun un blason armorié, le tout encadré
de belles moulures ornées à coquilles, raies
de cœur, feuillages et enroulements.

Avec socle couvert de drap rouge.

28 — Chaise du xvie siècle, en bois sculpté, enri-
chie d'incrustations d'ivoire et de bois à
petites rosaces. Le dossier, haut, offre à la
partie supérieure un écusson flanqué de deux
mascarons, et les montants sont surmontés
de deux têtes sculptées.

29 — Chaise analogue à la précédente avec quel-
ques variantes dans le décor.

30 — Deux petites chaises de forme originale à
contours, en bois de noyer, avec siège et dossier, garnies de maroquin et cloutées de
cuivre.

31 — Petite console d'applique en bois sculpté,
à mascarons et feuillages.

32 — Portemanteau en bois de chêne, à fronton
surmonté d'un vase genre Renaissance.

33 — Portière composée de deux rideaux dis-
posés à l'italienne, en ancienne tapisserie de
Flandre, à sujets de paysages avec bordure
à fleurs et ornements et garnie d'une frange.

34 — Portière en ancienne tapisserie de Flandre,
à sujets de paysages et bordure d'ornement.

35 — Tapis genre Smyrne, à fond rouge semé
de rosaces bleues, relevées de vert et de noir
au centre.

36 — Brasero formant jardinière, de forme
ronde, sur trois pieds et à deux anses, en
cuivre repoussé à animaux, oiseaux et ornements, de travail vénitien du xvie siècle.

37 — Petite lanterne d'antichambre de forme
carrée, en cuivre découpé de style Renaissance.

SALLE A MANGER

38 — Bel ameublement de salle à manger de travail anglais, à ornements découpés, balustres, moulures et filets de bois noir, garni de ferrures de cuivre.

Il est composé de :

Un buffet à étagères et à vitrines dans ses diverses parties, le fond est garni de glaces et les deux côtés sont ornés de plaques de faïence, décorées au trait de figures du xvie siècle.

Un dressoir.

Une petite vitrine à argenterie.

Une petite vitrine d'applique.

Et de huit chaises de même style, garnies de drap rouge.

Cet ameublement pourra être divisé.

39 — Table à rallonges, sur pied à quatre volutes en chêne sculpté, à groupes de fruits et ornements.

40 — Suspension en cuivre découpé, genre Louis XIII, avec sa lampe et neuf bras porte-bougies.

41 — Deux rideaux de fenêtre avec lambrequin
en drap rouge appliqué de fleurs, bordés
d'une frange, et garnis de leurs accessoires.

42 — Deux portières, composées de trois rideaux
et de deux lambrequins de même étoffe que
les précédents.

43 — Tapis genre Smyrne, couvrant la pièce.

FAIENCES

44 — Petit plat en ancienne faïence de Moustiers, décoré au centre d'une figure d'Hercule,
dans un paysage et au marli, de festons de
fleurs en couleurs.

45 — Grand plat en faïence italienne, à ombilic
décoré du sujet de l'Annonciation, entouré
d'un rayonnement d'oiseaux et de grotesques.

46 — Grand plat en faïence italienne, de forme
analogue au précédent mais varié de décor.

47 — Douze plats en faïence des Abruzzes, décorés
de figurines de cavaliers, de porte-étendard
et d'hommes d'armes. Seront vendus par
deux.

48 — Grand plat en faïence de Castelli, décoré
de jeux d'enfants bacchants dans un paysage.

49 — Grande fontaine et son bassin, en faïence
décorée dans le goût de Moustiers, avec support d'encoignure.

50 — Cinq assiettes en faïence, à décor poly-
chrome, et deux assiettes en porcelaine du
Japon, à décor bleu.

51 — Soupière et son plateau en ancienne porcelaine de l'Inde, décorée de fleurs.

52 — Plateau en céladon craquelé et laqué, et
bouteille en porcelaine turquoise.

SALON

53 — Parement de cheminée, composé de très
belles broderies d'or et de soie du xvie siècle,

appliquées sur velours cramoisi, garni de frange de soie. Les montants ainsi que le bandeau représentent des arabesques et des ornements dits à candélabres, entourant des médaillons.

Il est accompagné d'un encadrement de glace décoré de même.

54 — Très beau cabinet hispano-mauresque, ouvrant à abattant et garni de ferrures découpées à jour et dorées. L'intérieur, d'une grande richesse d'ornementation, est garni de tiroirs simulant des portiques à colonnettes torses en os peint à fleurs, et rehaussé de dorure.

Il est accompagné d'un meuble-support ouvrant à quatre tiroirs en bois doré, décoré de plaquettes d'os peint.

55 — Jolie petite crédence de style Henri II, en bois de noyer finement sculpté. Elle ouvre à deux portes offrant des figures allégoriques. Le tiroir inférieur est décoré d'un mascaron au milieu d'une frise d'enroulements, celui du haut représente, en bas-relief, des jeux d'enfants tritons jouant sur les eaux.

Le support, orné de deux cariatides déta-
chées, renferme un tiroir sculpté à godrons.

56 — Piano à queue en palissandre, de chez
Érard (n° 56521).

57 — Petit canapé d'un ravissant modèle
Louis XV, en bois de noyer sculpté, garni
d'ancien velours de Gênes, à ornements qua-
drillés verts, ton sur ton.

58 — Deux grands fauteuils d'un beau modèle
Louis XIV, à dossier haut et carré en bois de
noyer finement sculpté, bras et pieds à volutes
avec croisillons.

Ils sont garnis d'ancien velours de Gênes
cramoisi à larges ornements.

59 — Siège en X de style Renaissance en bois de
noyer sculpté, offrant à la jonction des croisillons une tête de Méduse et des mascarons
sur les accotoirs, garni d'un coussin et d'un
dossier en broderie d'or et de soie du
xvıe siècle, sur fond de velours rouge.

60 — Deux tabourets de style Henri II, en bois
de noyer, à pieds fuselés garnis de broderies
du XVIᵉ siècle, sur fonds de velours rouge.

61 — Quatre jolies petites chaises de style
Henri II, en bois de noyer, à pieds fuselés et
à dossier orné de légers balustres, garnies
d'ancien velours de Gênes, à fleurettes sur
fond orange.

62 — Fauteuil confortable capitonné, recouvert
d'ancienne soierie du Japon, brochée à fleurs
en camaïeu sur fond rose, garni d'une frange
à grilles,

63 — Autre fauteuil confortable capitonné, recouvert d'ancienne étoffe de soie japonaise
brochée, garni d'une frange à grilles.

64 — Fauteuil confortable capitonné, recouvert
de soie japonaise, à fleurettes sur fond vieil
or, garni d'une frange à grilles.

65 — Très belle garniture de fenêtre en soie, du
temps de Louis XIV, à bouquets de fleurs en

soie de couleurs et en argent sur fond crème,
avec bordure de velours à ton fauve, garnie
d'une frange, avec passementeries assorties.

66 — Très belle garniture de fenêtre analogue à
la précédente, celle-ci en soie du temps de
Louis XV, à fleurs en soie de couleurs, en or
et en argent.

67 — Grande pièce d'ancien damas rouge, dra-
pée pour l'encadrement du n° 1 du présent
catalogue.

68 — Tenture de salon en granité de soie bleu
ardoise, comprenant une tenture flottante
murale et quatre portières avec lambrequins
à passementeries assorties.

69 — Tapis de salon, genre Smyrne.

70 — Deux beaux candélabres formés chacun
d'un vase en forme de gourde en ancien
émail cloisonné de la Chine, décorés d'arabesques en couleurs sur fond bleu turquoise,
garnis de montures à socles rocailles et bouquets de fleurs, à trois lumières, en bronze
finement ciselé et doré.

71 — *Marbre antique.*Tête de Faustine, grandeur nature, fragment de haut-relief appliqué sur fond de velours rouge dans un cadre guilloché.

72 — Deux chenets de style Louis XIII, en cuivre.

73 — Pelle et pincettes ornées de bustes en bronze doré, de Barbedienne.

CHAMBRE A COUCHER

74 -- Grand lit de style Louis XIII, en chêne sculpté, à frise de rosaces et de godrons, le chevet surmonté d'un fronton avec portique au centre. Il est orné d'un baldaquin supporté par quatre colonnes torses. Il est garni intérieurement de peluche cramoisie, avec rideaux et lambrequins en granité de fil écru soutaché d'ornements de velours rouge.

75 — Table de nuit surmontée d'une petite étagère à galerie, en bois sculpté et rehaussé de dorure. Style Renaissance.

76 — Meuble vitré en marqueterie de bois à fleurs, de travail hollandais ; le bas est à trois rangs de tiroirs.

77 — Petite commode Louis XV en bois de rose, de forme contournée, garnie de bronzes et à dessus de marbre brèche.

78 — Cabinet en laque du Japon, à sujets de figures, à ornements, fleurs et oiseaux en couleurs et très finement cloisonnés. Il ouvre à deux portes et est garni de sept tiroirs à l'extérieur.

79 — Petit fauteuil à dossier mobile formant prie-Dieu, style Renaissance, à côtés en X en bois sculpté à rosaces, garni d'ancien velours de Gênes.

80 — Chaise-longue et deux fauteuils capitonnés en granité de fil écru avec têtières en peluche.

81 — Tenture murale, deux garnitures de fenêtres et deux portières en granité de fil écru avec bandes de peluche cramoisie, franges et passementeries assorties.

82 — Tapis de la chambre en moquette genre
Smyrne.

83 — Coupon d'étoffe japonaise ancienne, à fond
vert.

84 — Carpette persane à fond jaune d'ocre.

85 — Deux vases sphériques en faïence de Castel-
Durante, décorés de médaillons et de fleurs
sur fond gros bleu.

86 — Miroir italien avec encadrement à fronton
en bois sculpté, ajouré et doré.

87 — Deux petits miroirs-appliques en bois
sculpté, doré en partie, à deux bras porte-
lumières en bronze.

88 — Deux chenets de style Louis XVI en
bronze doré, modèle à vases à guirlandes et
mufles de lions.

89 — Pendule en marbre bleu turquin en forme

de fût cannelé, orné de rangs de perles, de modillons et d'un tore de lauriers en bronze doré, de chez Barbedienne.

90 — Deux flambeaux à tige en forme de gaine en bronze ciselé et doré, de Barbedienne, dans le goût Louis XVI.

91 — Coussin en soie tissée et brodée d'argent à fleurs et ornements.

CABINET DE TOILETTE

92 — Toilette avec garniture de marbre blanc et les accessoires en porcelaine, avec rideau en granité de fil.

93 — Toilette duchesse garnie de granité de fil écru.

94 — Étagère d'encoignure en laque de Chine.

95 — Deux lampes en porcelaine décorée.

MEUBLES DIVERS

96 — Lit et armoire à glace en palissandre.

97 — Meuble d'entre-deux à contours, marqueté de cuivre.

98 — Armoire-portemanteau en chêne.

99 — Cave à liqueurs.

101 — Meubles de chambres de domestiques.

102 — Jardinière en faïence décorée.

103 — Ustensiles de cuisine.

www.ingramcontent.com/pod-product-compliance
Ingram Content Group UK Ltd.
Pitfield, Milton Keynes, MK11 3LW, UK
UKHW022329170726
13837UKWH00005BA/2186